JN408759

뜨는 것이 지는 것이요
지는 것이 뜨는 것이다

뜨는 것이 지는 것이요
지는 것이 뜨는 것이다

한시용 제4 시조집

해암

| 시인의 말 |

네 번째 시조집입니다.

나의 어줍잖은 글을 읽으시고 조언과 격려해 주신 이웃들의 덕분입니다.

좀 더 일찍 시조를 알았더라면 하는 아쉬움도 없지 않지만, 노년에 아름다운 서정과 접하면서 글을 쓸 수 있었던 것이 저에겐 큰 기쁨이었습니다.

나의 작품을 들여다보시고 분에 넘친 감상문을 보내주신 신창선 교장 선생님과 여러 문인 선생님들께 정중히 머리를 숙입니다.

감사합니다.

2020년 7월 20일

한 시 용

차례

1부 밤바다

2부 봉축

차례

3부 감사합니다

4부 웃음 명언

차례

5부 어메니티

1부

밤바다

바람부는 바닷가

수평선 저 멀리에 배들은 숨바꼭질
바람에 성난파도 방파제에 부서지고
갈매기
울음소리는
바위틈에 숨는다

파도가 철석이는 해변을 걸어가면
소라의 밀어들이 새하얗게 밀려오고
외로운
바위섬들은
격랑으로 부대낀다

겨울의 한라산

흰 머리 곱게 빗고
사방을 둘러 보며

행여나 오시려나
떠난 님 기다리는

백설이
만건곤하여
봄 오기를 기다리네

밤바다

갈매기도 잠이 든 밤 잠 못드는 저 바다는
육지 향한 그리움이 연정으로 새로운지
밤마다
사랑 노래가
잔잔하게 밀려오네

별빛은 찬란하게 조명처럼 반짝이고
검푸른 저 물결은 거대한 공연 무대
바다의
춤과 노래가
환상으로 흐른다

산방산

설문대 할망께서 한라산 오르시어
앉아 있기 불편타며 봉우리를 뽑아던져
종 모양
산이 생겨나
이름하여 산방산

금강역사 호위 속에 가슴 속 부처 품고
부처님 말씀 실어 범종이 울릴 듯한
그 모습
멋이 있기로
명성자자 하구나

그리워라 그리워

커피 한잔 얻어먹고
동네방네 자랑하고

트럭 한 번 타 보고는
영광으로 생각했던

소싯적
그 추억들이
그리워라 그리워

성산일출봉

아름다운 면류관이 바닷가에 놓여 있다
일출은 길을 닦아 융단을 곱게 깔고
용왕님
행차오시나
불을 밝힌 일출봉

기다림에 쌓인 바위 바람에 깎인 절벽
분화구 푸른 초원 갈매기의 야외 무대
봉우리
기암괴석은
불꽃인냥 타고 있다

용머리 해안

바닷속 들어가는 용의 형상 보기 위해
이 곳을 찾았건만 두번이나 발길 돌려
물 때가
맞지 않아서
어쩔 수가 없었다

밀물이 길을 막고 썰물이 길을 여는
자연이 그대로인 용머리 해안길을
오늘은
걸을 수 있어
감개무량 하구나

제주 해녀

생활이 검소하고 소박한 바다 여왕
갯바위가 생활터전 미역따고 소라 잡아
살림을 알뜰히 꾸려 가족들을 먹여살려

봄 여름 가을 겨울 바다만 잔잔하면
테왁을 짊고가서 바닷속 누비다가
숨차면 물속을 나와 숨미소리 날린다

오전에는 밭일하고 오후에는 물질하러
바닷가 모여들던 그 많은 해녀들이
지금은 어디로가고 할망 해녀 몇뿐이다

자급자족 그 시절에 인기였던 해녀 물질
지금은 쇠퇴하여 호감정 바닥치고
위기의 해녀의 문화 어느 누가 이어가리

제주는 작은 몽골

탐라도 중산간에
펼쳐진 목장들은

규모는 작지마는
몽골 초원 닮고 닮아

○즈로
몽고라분놈*
몽생이*가 달린다

*몽고라분놈 : 제주방언, 만들어 분 놈의 욕설
*몽생이 : 제주방언, 망아지

제주 고사리

봄비가 내린 뒤에 귀여운 주먹 쥐고
들판의 덤불 속에 공손히 머리 숙여
며칠만 못 돌아 보면 손바닥을 펴보이지

머리가 세기전에 통통한 놈 골라 꺾어
데치고 말렸다가 차례상에 올리려고
여인들 이삭줍듯이 고사리밭 훑는다

꺾으면 또 나오고 또 꺾으면 계속 나와
왕성한 그 번식력 식구가 아홉 형제
제삿상 고사리나물 자손 번창 위한 제물

휘파람새

봄이 오면 이른아침
마당에 날아와서

청량한 목소리로
휘파람을 불어준다

가만히
귀 기울리면
애절한 구애가락

사진첩

학창시절 친구들과 폼잡고 앉아 있는
어릴적 내얼굴이 누구인가 쳐다본다
사진첩
넘길 때마다
그 옛날이 그립다

나도 한 때 저런 시절 있었던가 생각하니
꼬리에 꼬리 무는 수 많은 사연들이
그 시절
어제 같은데
추억으로 남았네

고향에 다녀오며

한라산아 잘있거라 오름아 다시오마
올 때는 기뻤지만 떠나려니 아쉬움만
대문을 뒤돌아보고 다시 또 돌아본다

친구들도 잘있거라 꽃분이야 다시보자
그 시절 그 이야기 해도해도 즐거웠다
이제는 백발의 머리 모두모두 건강하길

타향살이 오십여년 그리던 고향산천
언제나 찾아와도 따뜻이 맞아주는
어머님 품속같은 곳 보목리가 좋더라

별을 헤던 밤

여름밤 초저녁에 마당에 멍석깔고
누워서 별을 보며 별자리를 헤던 유년
삼태성
북두칠성이
유난히도 빛났다

초록별 쏟아질듯 반짝이는 밤하늘엔
은하수가 흘러가고 별똥별이 떨어지고
그 시절
고향 밤하늘
고요하고 찬연했지

바다의 마음

푸른물이 아닌데도
보자하니 짓푸르고

끝처럼 보이건만
가도가도 끝이 없는

저 넓은
바다의 마음
그 누구가 알리오

자갈치

갈매기가 날아들어 갈치사러 오이소오
바닷바람 건듯 불어 비릿한 생선 내음
이 모두
자갈치 맛과 멋
뱃고동이 울린다

구수한 사투리에 인정 많은 아지매들
밀물이 밀려오듯 장바구니 밀려들면
구판장
날생선들은
은비늘로 반짝인다

대변항

신 내림 대나무를 뱃머리에 세워놓고
태극기 펄럭이며 출항을 서두르는
갈매기
나래를 펴고
환송 준비 바쁘다

만선 귀항 그물털이 어부들 노래장단
좌판위 싱싱멸치 은비늘로 번쩍이고
비린내
마실 바람이
해변가에 흐른다

흰구름

하늘 높이 바람 타고
떠도는 저 구름아

이 세상 굽어보며
산도 품고 달도 품어

애착은
다 내려놓고
방랑 발길 가볍네

낙엽

연둣빛 초록 삶을
황금으로 물들이고

누구를 축하하려
저리도 흩날리뇨

한없는
이별의 향연
소리 없는 설레임

깊어가는 가을 밤

귀뚜라미 울어 예는
적막한 달 밝은 밤

머언 먼 그리움이
가슴 속 애틋한데

달빛에
외기러기가
슬피 울며 날은다

2부

봉축

실상

대낮에 걸어가면
실물이 잘 보이고

한 밤 중 걸어가면
허상이 눈에 보여

실상을
보기 위해선
등불 켜서 어둠 끄고

범종소리

부처님의 진리 말씀
중생들 일깨우려

자비 싣고 사랑 실어
장엄한 심중 부름

초목도
법당을 향해
두 손 모아 서 있네

법문 앵콜

유치원 입학식장
손자 입학 축하 참석

식순따라 스님 법문
유아들 딴전부려

법문이
끝나자마자
앵콜 앵콜 웃음바다

봉축

사찰 마당 연등 달고 부처님 우러르니
자비심 기르라는 환청이 크게 울려
부처님 오신 날 맞아 삼귀례를 올립니다

지극정성 관불의식 찬탄의 연등 공양
참회의 향을 살라 마음이 밝아지이다
어둠이 휘감아 와도 지혜 은덕 내리소서

불도량에 들어서면 마음이 편안하고
오색연등 바라볼적 머리가 수구러져
저 불빛 사바세계에 해탈도로 회향하소서

자비 손길 드리워서 중생들 제도하시듯
청정한 몸 이루도록 우리 곁에 나투시어
오탈의 번뇌 망상을 깨끗이 씻어주소서

찬연히 밝힌 꽃등 여기가 불국정토
무량한 가피 입어 행복한 오늘이여
붓다의 설하신 진리 수행 정진 하오리다

범어사 은행나무

스님의 손을 잡고
어릴 때 출가하여

오백여년 수행 정진
온 몸에 상처 투성

치성의
수호목 되어
방문객을 맞는다

탑돌이

사찰의 대웅전 앞
탑을 돌며 소원빈다

세 바퀴 열두 바퀴
소원은 많아지고

이 또한
과욕이겠지
화엄성중 화엄성중

범어사 점심 공양

수행하는 마음으로
밥을 지어 차려 놓고

감사한 마음으로
받아서 먹는 밥상

범어사
점심 공양은
도반들의 음식이다

냇물 탑돌이

냇물이 흐르면서
돌탑을 돌고 있다

수중의 생명체들
해탈을 기원하고

희생한
물고기들의
극락환생 바라며

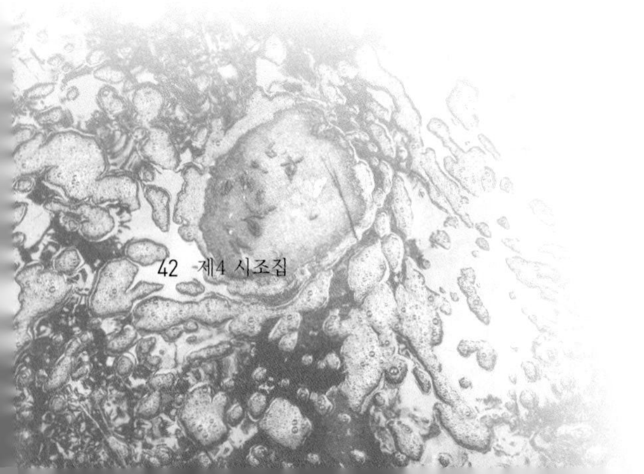

법당 촛불

오로지 남을 위해
알몸으로 불을 밝혀

눈물을 흘리면서
자신을 사릅니다

간절히
소원을 빌며
남김없이 타오르다

스님의 걸음걸이

걸음도 수행인가
스님 행보 반듯하다

승복을 펄럭이며
땅만 보고 뚜벅뚜벅

옆 한 번
보는 일 없이
여유롭게 구름가듯

이슬

햇살 먹어 반짝이는
풀 숲의 옥구슬을

알알이 주워 모아
염주를 만들어서

아내의
생일 전야에
머리맡에 놔두고져

꿈속 부처님 미소

봐라봐라 이리 봐라
내 말 좀 들어 봐라

어젯밤 꿈속에서
부처님을 뵈었는데

커다란
연꽃에 앉아
나를 보며 웃으시더라

석경*

태양의 기운 받아
소원을 이루고져

석경의 돌뿌리에
머리를 대어본다

그 순간
겸손해지고
무아지경 느끼다

*석경 : 경남 산청군 동의보감촌에 있는 돌거울

몽돌

모난돌 도를 닦아 둥글게 살겠다며
오랜세월 한결같이 바닷가에 주저앉아
파도에
씻고 구르며
고된 수행 감내했다

수수만년 고행 끝에 몽돌로 환생하고
부처님께 귀의하여 구원을 받자하며
바닷가
승려가 되어
중생 향해 법문하네

금샘

고담봉 아랫바위
정수리가 흠뻑 패어

빗물이 고이어도
마르지 아니하고

그 곳에
금빛 물고기
내려와서 놀았다네

제삿날 스님 찾아

불교계 유치원생
다섯살 손자놈이

제삿상에 절을 하고
일어서서 혼잣말로

스님은
왜 안오시지
가족 모두 웃었다

낙동강

영남의 젖줄이고 핏줄인 낙동강물
피눈물로 얼룩졌던 애달픈 사연 싣고
말 없이 더 넓은 곳 향해 유유히 흘러간다

유구한 물굽이도 한 번 가면 못 오는 길
거스르지 아니함도 자연의 섭리인걸
세월도 저 강물처럼 인연따라 흐르네

산을 돌아 들을 적셔 칠백리 푸른 여정
만남도 기뻤지만 헤어짐은 서러웠어
강변의 갈대잎들이 손흔들며 웃고 우네

낙동강변

우거진 갈대숲에
철새들이 오고가고

강언덕 앉은 정자
고고한 정취로다

그 옛날
강변 나루터
다리 놓여 오고가네

뜨는 것이 지는 것이요
지는 것이 뜨는 것이다

동양 사람 보기에는 태양이 뜨고 있고
서양 사람 보기에는 태양이 지고 있다
뜨는게
지는 것이요
지는 것이 뜨는 것이다

이쪽에 달이 뜨면 어딘가에 달이 지고
이쪽에 달이 지면 어딘가에 달이 뜬다
지는게
뜨는 것이요
뜨는 것이 지는 것이다

혜총 스님

격의 없이 부드럽고 온화한 붓다 얼굴
농담 섞인 환담에도 듣고나면 설법이네
마주한
스님의 눈빛
오색 광채 흐른다

불자님 뫼시려고 절 문턱 한껏 낮춰
소원을 빌어주는 염불 소리 간절하다
팔엽원
거룩하신 삶
아 감로사 드높네

주장자

법문을 설하실 때 지녔던 도반 법구
수행자와 동행하여 험한 산길 오르내려
이 나라
불교 융성의
버팀목이 되었다

교통이 어둔 시절 발 디딜 곳 길을 안내
세월이 흐른 지금 제3의 발이 되어
외로운
노약자 위해
묵언으로 헌신 봉사

뜨는 것이 지는 것이요
지는 것이 뜨는 것이다

3부

감사합니다

애기동백

동지선달 백설에도
얼굴 붉혀 웃는구나

이제 곧 정월 엄동
예쁜 얼굴 어이할꼬

설한에
피멍들까봐
보자하니 가엽구나

할머니 마음

아침에 식탁위에
차려 놓은 갈치구이

내 앞에는 머리 부분
아들 앞엔 꼬리 토막

손자 앞
가운데 토막
할머니의 마음이다

감사합니다

오늘도 입어야 할 옷이 있어 감사합니다
오늘도 먹어야 할 식량 있어 감사합니다
오늘 밤 잠을 자야 할 집이 있어 감사합니다

오늘도 내 옆에는 아내가 있어 감사합니다
오늘도 착한 아들과 자부가 있어 감사합니다
언제나 사랑스러운 손주가 있어 감사합니다

오늘도 저 하늘을 볼 수 있어 감사합니다
지금도 두 다리로 걸을 수 있어 감사합니다
오늘도 부처님 얼굴 뵐 수 있어 감사합니다

손주가 뭐길래

장난감점 지나가면 손주가 생각나고
아이들 마주쳐도 손주가 보고 싶어
이 세상 할아버지들 내 마음과 같겠지

맛있는 음식 봐도 손주 얼굴 떠오르고
놀이터를 지나가도 손주가 기다려져
손주가 무엇이길래 이다지도 맘 끄나

손주가 오는 날엔 목욕하고 청소하고
할매는 음식 준비 할배는 슈퍼 향해
두 눈은 현관쪽으로 손주 맞이 분주하다

나도 모르게

놀이터나 공원에서 어린이를 만나며는
괜스레 장난조로 이름 묻고 나이 물어
이 주책
나도 모르게
어린 아기 되어가나

유모차에 앉아 있는 유아를 바라보면
주먹쥐고 웃는 얼굴 너무나도 귀여워라
이 아침
나도 모르게
늙었다는 증거인가

손주 생각

유아원 현관에서 아이들이 울고 있다
지금쯤 내 손주도 저렇게 울고 있을까
온종일
손주 생각에
기분이 우울하다

유치원 놀이터에 아이들이 놀고 있다
지금쯤 내 손주도 저렇게 놀고 있겠지
아이들
웃음 소리에
손주가 보고싶다

정

꽃들은 항상 웃어
정을 주어 인기만점

꽃축제장 정에 끌려
구경꾼들 인산인해

사람도
정이 많아야
그의 주변 사람 몰려

매화

남녘땅 홍매화가
꽃소식을 전해 오면

북녘땅 백매화도
답장을 띄웁니다

섬진강
둑에서 만나
축제마당 열자고

2월

진눈깨비 내리는 날
백매화 화신 일성

입춘대길 건양다경
산수유도 등을 켠다

백목련
성욕 세워서
꽃샘바람 눈치 봐

4월 나들이

발길이 머무는 곳
꽃들로 덮여 있고

산야는 연록색 빛
춘정이 가득한데

새들은
자질어질 듯
하루종일 즐겁다

그림 : 이회영

벚꽃이 바람에 지다

하늘은 화창한데
함박눈이 휘날리고

차로에는 나비떼가
꽃밭인줄 날아들어

찬바람
꽃샘바람에
화르르르 지는 벚꽃

그림 : 이회영

명자꽃

매화꽃에 샘이나서
당차게 등장하여

깜찍하고 앙증맞게
겸손떠는 붉은 얼굴

숨어서
사랑 흘리는
속이 깊은 아가씨여

봄꽃 릴레이

매화꽃이 피고 지면 목련꽃이 피고 지고
목련꽃이 피고 지면 벚꽃이 피고 지고
벚꽃이 피었다 지면 겹벚꽃이 만발하네

진달래꽃 피고 지면 철쭉꽃이 곱게 피고
철쭉꽃이 피고 나면 이어서 산철죽꽃
산철죽 피었다 지면 영산홍꽃 피고 진다

산수유가 피고 지면 개나리꽃 피고 지고
개나리꽃 피고 지면 등꽃이 피고 지고
등꽃이 피었다 지면 장미꽃이 붉게 피네

붓꽃

붓모양 꽃봉오리
연못가에 반만 벌어

잎들은 칼날 새워
경호를 펼친 터에

잠자리
날아들다가
멈칫멈칫 돌아선다

무명초

남몰래 피는 꽃이
너무도 수줍어서

산야나 바위 틈새
겸손히 몸을 낮춰

청초한
아름다움으로
소박하게 살고 있다

개망초

풀밭이나 오솔길섶 하얗게 피어 있는
누군가 지은 이름 개망초라 불리어도
한마디
불평도 없이
보란듯이 웃고 섰다

사람들은 지나가며 예쁜꽃만 쳐다보고
키를 세운 개망초는 본체만체 시선돌려
그래도
화해의 눈빛
몸 흔들며 인사하네

채송화

초등학교 어린시절
화단에 곱게 피어

생글생글 웃던 모습
지금도 생각나네

한 낮에
잠깐 피고 지는
천진난만 꽃이여

서양민들레

부모 형제 작별하고
금수강산 영구 귀하

타향에 적응하며
이웃과도 잘 사귀어

이 땅이
살기 좋다며
하얀 꽃씨 날린다

고추잠자리

가을 오면 어김 없이
등장하는 비행 편대

온 몸에 붉은 치장
계곡 따라 곡예 펼쳐

축제장
놀이패처럼
가을 분위기 띄우네

울타리

집 둘레의 돌울타리
바람을 막아주듯

부모님과 이웃들은
나를 감싼 생울타리

우리는
알게 모르게
울 덕분에 살고 있다

소나무 숲

나무들이 다정하게
팔을 걸어 어깨동무

바람불면 귓속말로
밀어를 속삭이고

서로가
우애를 다짐
변함 없이 살자고

소나무

우리나라 어디든지
청청한 소나무야

애국가로 네 이름을
엄숙히 부르나니

네 또한
이 강산 위해
기둥으로 한 몫을

4부

웃음 명언

세대차이

한 학생이 기침 심해
질병 검사 받았는데

바이러스 심하다는
의사 말 듣는 순간

학생은
천진스럽게
노트북이 아닌데요

건망증 1

건망증이 심하다며
신경과를 찾은 환자

언제부터 그런증세
있었냐는 의사 질문

환자는
퉁명스럽게
무슨 증세 말입니까

건망증 2

바둑을 두다 말고
내 얼굴 쳐다보며

내 돌이 백돌인가
아니면 흑돌인가

한바탕
웃고나더니
바둑 돌을 걷운다

되치기

그랜저를 몰고가던
아줌마가 으쓱대며

그 작은 마티즈를
몇푼 주고 샀느냐고

마티즈
주인의 대답
벤츠 사고 덤이라고

웃음 명언

웃으면 건강하다
웃으면 행복하다

웃음은 보약이다
일소일소 일노일노

웃으면
복이 온데요
웃으면서 살아요

하인 문서

결혼 앞둔 신랑감이
양반 자손 자랑하며

고문서 찾아들고
신부감과 감정 의뢰

그 판명
하인문서로
코가 납작 줄행랑

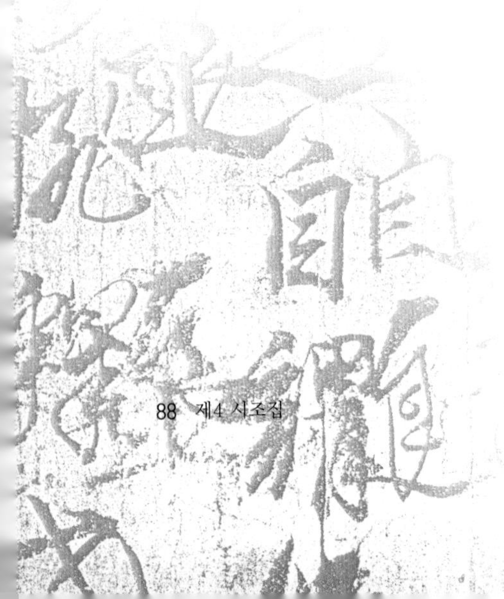

사전 대비

관광버스 서자마자 황급히 내린 여객
차바퀴에 실례 도중 자동차가 움직여서
아차차
따라가면서
볼일을 다 보더라

급할 때나 위기 때엔 누구나 할 것 없이
급한 불 끄기 위해 자칫하면 이성 잃어
이런 일
당하기 전에
사전 대비 잘해야

청진기가 갸우뚱

할머니가 몸이 아파
병원을 찾았는데

어디가 아프냐는
의사의 관점 문진

만신이
아프다하여
청진기가 갸우뚱

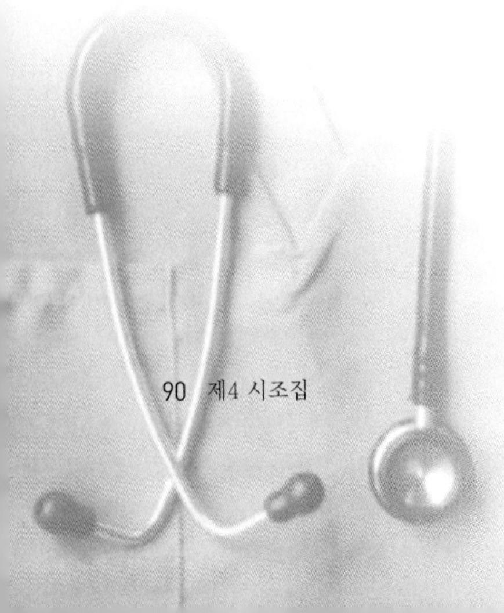

바둑 교훈 1

바둑을 두다보면
남의 집이 커 보이고

은근히 허물 생각
나도 몰래 하게 되어

욕심을
부리다 보면
패배의 원인된다

바둑 교훈 2

바둑 두는 상대에게
전화가 걸려왔다

그후부터 중심 잃고
서두르며 헛수 놓아

바둑돌
걷우면서 왈
신중 대처 못해졌네

바둑 교훈 3

나의 기력 무시하고
상대 말을 잡기 위해

맹공을 퍼붓다가
내 말이 도로 잡혀

상대가
강할 때에는
내 안전을 도모해야

바둑 교훈 4

달아나는 상대 말을
간신히 포위 성공

자기 말도 살펴보니
집이 없어 살 길 없다

옆에서
관전자의 말
아생연후 살타라

운전석 교훈

차를 몰고 달리면서
옆도 보고 뒤도 보고

앞만 보고 달리며는
안전이 위협 받아

인생길
달려가면서
옆도 보고 뒤도 봐야

색소폰소리

저음으로 울어울어
끊어질 듯 이어지는

애절한 낭만의 음
꽃잎도 떨리누나

가슴속
깊숙히 울리는
천상의 선율이여

왈츠

휘황찬란 조명 무대
어깨를 마주 펴고

남녀 한쌍 물 흐르듯
환상의 발끝 놀림

쿵짝짝
휘감아 도는
낭만적인 춤사위

지루박

희미한 불빛 아래
두 손을 마주잡고

돌리고 돌아가고
조이고 풀어내는

신명의
경쾌한 스텝
치맛자락 깃을 편다

부루스

서로를 마주하여
가볍게 끌어안고

황홀경에 빠져들어
차차차 열고 닫고

애조의
음악에 맞춰
둘이 서로 즐겁다

현재

과거는 이미 벌써
유효 만료 해지 통장

미래는 기약 없는
발행되지 않은 수표

현재의
삶의 가치가
황금보다 중하다

방탄 경호

매서운 눈초리로 사방을 주시하며
몸으로 벽을 싸고 발 빠른 움직임들
주인공
누구시길래
왕의 행차 방불타

이국의 하늘 아래 무엇이 두려워서
저리도 삼엄하게 주변을 감시하나
사람이
무서운 것은
불선업의 증거다

뜨는 것이 지는 것이요
지는 것이 뜨는 것이다

5부

어메니티

좋은 말씨

내가 뿌린 말의 씨앗
상대 맘 속 파고들어

움이 트고 싹이 자라
꽃피우고 열매 맺어

맘 약한
사람들에게
새 희망을 북돋운다

말의 위력

사랑의 말 한마디
하루가 즐거웁고

격려의 말 한마디
용기와 희망 주며

칭찬의
말 한마디는
한 평생의 등불된다

표리부동

민생을 외치면서
민생을 외면하고

경제를 외치면서
경제를 외면하는

여의도
표리부동자
의사당의 기생충

불안한 세상 1

배달민족 예의지국
사람들이 왜 저럴까

자고나면 흉측 참극
비정의 아동학대

어디서
또 무슨 일이
까마귀가 울고 있네

불안한 세상 2

자고나면 늘어나는
코로나 확진자 수

마스크로 입을 가려
거리두어 상대 경계

구급차
싸이렌 소리
요란스레 달린다

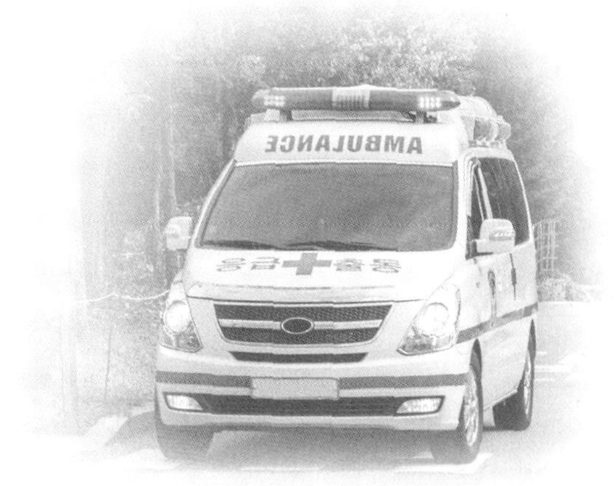

적정선

여객선 적량 초과
항해에 위협 되고

음주 운전 과속 질주
불행한 사고 자초

적정선
어기는 자만
큰 재앙을 부를 수도

중심 잡기

중심이 잡힌 배는
안전하게 잘 달리고

균형을 잃은 배는
기울어져 위험하다

마음도
중심 잡아야
모든 일이 만사형통

어메니티

공원의 관목수 위
버려진 일회용 컵

나무 그늘 의자 밑에
나뒹구는 담배꽁초

말없이
줍고 치우는
그 마음이 아름답다

침략 근성

믿지마라 속지마라
일어선다 구전의 말

방심하고 지내다가
한 방 맞고 우왕좌왕

그들의
경제 보복은
침략 근성 발로다

청소부의 혼잣말

초등학생 놀던 자리 주변이 깨끗하고
고등학교 캠프장은 이곳 저곳 쓰레기가
배움이
크다고 하여
바른생활 아니더라

노인이 놀던 자리 치울 것 하나 없고
대학생들 야영장엔 쓰레기가 널부러져
미래의
기둥 들이여
배운만큼 행동을

이화원*

귓전에 들려오는
은밀한 저 속삭임

서태후의 욕정인가
동정들의 여색인가

곤명호
푸른 물결이
숨죽여 출렁인다

*이화원 : 중국에 있는 서태후의 여름 궁전

맘 아프다

관광 명소 길목 요지
구걸하는 노약자들

다리 불편 반신 장애
한푼 달라 내민 그릇

때 마침
준비가 안되어
외면한 게 맘 아프다

새벽 전화

요란한 전화벨이
새벽잠을 깨운다

불안한 마음으로
수화기를 드는 순간

갑자기
전화가 끊겨
더 더욱 초조하다

이상한 위계질서

큰 죄를 지은 자가
작은 죄를 나무라고

큰돈을 먹은 자가
적은 비리 처벌하는

눈감고
생각해봐도
이상스런 위계질서

멈춤

노래를 부를 때도 쉼표가 필요하고
공부를 하는 데도 쉬는 시간 필요하다
멈춰서
쉬어간다고
시간 낭비 아니리

높은 산 오르는데 숨이 차고 힘이 들면
발걸음 멈추어서 한참을 쉬어간다
멈춤은
포기가 아니라
재도약의 발판이다

정상

땀흘려 오른 산봉
잠시 뒤에 하산하고

운동선수 세계 제패
그 자리가 보장 안되

정상은
종착점 아닌
반환점에 불과하지

저울

네 마음 정직하고 몸체도 반듯하다
한치의 오차 없이 결과를 도출하는
사람들
그 선고 믿고
금전거래 오고간다.

주인과 고객 사이 거래량 달아주며
미래의 시장경제 가늠하는 눈금되어
그 예측
그대로 믿고
살림살이 준비하지

늙어가며

아무리 성이 나도
한걸음 물러서서

허허허 웃으면서
이기려 하지말고

알고도
모른척 뒷짐
마음 풀어 살아야

광고물 전단지

선전대로 된다면야
얼마나 좋겠냐만

눈뜨고 속는 세상
눈가리고 아웅하기

그것이
진실이라면
나불대지 않겠지

개엄마

자식처럼 개를 안고
산책길을 걸으면서

대화하듯 말을 하고
자칭해서 엄마라나

애엄마
줄어드는데
개엄마는 늘어나네

원초적 본능

공원에서 비둘기가
구애를 하고 있다

암놈은 달아나고
숫놈은 쫓아다녀

저 행동
미투라고 말마라
원초적인 본능이다

미투

꽃가게에 들린 손님 예쁜 꽃 고르면서
꽃잎을 만져보고 향기도 맡아본다
주인이
한참 보다가
꽃만지면 미투라고

손님은 깜짝 놀라 한 걸음 물러서서
꽃들을 바라보며 겸연쩍은 목소리로
요즈음
미투 때문에
꽃 옆에도 못 가겠네

작품 들여다보기

그림 : 이희영

부드럽게 절제된 언어의 여유로움

수필가 **신 창 선**

시조는 형식상 3장 6구의 정형이라는 양식적 특징을 갖고 있어, 현대 시조의 특질은 곧 내용상의 특질이 될 수밖에 없다. 시조라는 정형시와 현대 정신의 수용이라는 이율배반을 어떻게 조화시켜야 할까. 이를 위해서는 시어의 농축이나 효율적인 선택과 운용으로 정형성의 미감을 살려야 할 것이다. 시조문학은 간결함과 절제를 통해 감정이입에 접근하는 절제의 미학일 수밖에 없다. 따라서 간결한 형식, 사상의 흐름을 적합하게 통제하면서도 개별성을 드러내는 서정구조요, 온아한 미의식이 특징인 것이다.

옆에서 지켜본 한시용 작가는 한마디로 선한 사람이다. 글은 그를 닮았는가 부드럽다. 그리고 행간의 여백에는 울림이 크게 숨어 있다. 시인의 체험과 상상력이 사회의 문화 일반에 새로운 공감을 불러일으키고 있다. 작가의 글에는 수수께끼 같은 모호성이 전혀 없이 물 흐르듯 조용하다. 작가의 글 속엔 아름다운 기표가 가난한 독자의 피돌기를 자극하는 따뜻한 메타포가 쉴 새 없이 미끄러진다. 가을 동화 같은 플루트 소리를 듣기도 하고, 자연을 빼닮은 대금 소리를 발견하기도 한다. 일상의 소소함, 사회적 이슈가 섞여 행간의 비밀을 키운다. 단아한 기품으로 노래하고 있는 몇 편의 작품을 일별해 본다.

하늘 높이 바람 타고 떠도는 저 구름아
이 세상 굽어보며 산도 품고 달도 품어
애착은 다 내려놓고 방랑 발길 가볍네

–「흰구름」 전문

큰 죄를 지은 자가 작은 죄를 나무라고
큰 돈을 먹은 자가 적은 비리 처벌하는
눈감고 생각해 봐도 이상스런 위계질서

–「이상한 위계질서」 전문

한 학생이 기침 심해 병원을 찾았는데
바이러스 심하다는 의사 말 듣는 순간
학생은 천진스럽게 노트북이 아닌데요

–「세대차이」 전문

본 104편의 작품에는 2할 정도가 불교와 관련된 글이다. 글의 내용이 위트요, 역설로 채워져 반야심경의 공空 사상과 맞닿아 있다. 색즉시공, 공즉시색

이 연리지처럼 달라붙기도 하고, 나를 아는 게 타인을 아는 것이라는 평범한 진리를 일깨우기도 한다.

사찰의 대웅전 앞 탑을 돌며 소원 빈다
열 바퀴 스무 바퀴 소원은 많아지고
이 또한 과욕이겠지 화엄성중 화엄성중

—「탑돌이」 전문

불교계 유치원생 다섯 살 손자놈이
제삿상에 절을 하고 일어서서 혼잣말로
스님은 왜 안 오시지 가족 모두 웃었다

—「제삿날 스님 찾아」 전문

냇물이 흐르면서 돌탑을 돌고 있다
물속의 생명체들 해탈을 기원하고
희생한 물고기들의 극락환생 바라며

—「냇물 탑돌이」 전문

작가의 시적 감수성과 시적 아우라는 매우 서민적이고 편안하고, 건강하다. 삶의 철학에서 끌어올린 시적 상상력이 멋진 스토리를 만들고 있다. 그의 글은 한결같이 둥글게 흘러간다. 순수한 시심이 둥글게 살고 싶은 세상을 열망하고 있다.

작가는 전통적 가락과 형식에 삶의 서정성을 차분하게 노래한다. 이는 사랑이요, 깨달음의 미학이라

하겠다. 낡은 틀을 깨고 현대적 패러다임을 보여준다. 작가의 글은 늘 기쁨으로 충만하여 젊은 삶을 산다. 그의 따뜻한 마음이 한지에 먹물 스미듯 읽는 이의 가슴에 번진다. 참, 기분이 좋다. 그의 온축된 상상력이 무궁한 춤사위가 되어 잠자는 독자의 마음을 실컷 두들기는 기쁨이 계속 이어지길 기대하며 여러 문인들께서 작품을 읽고 보내주신 감상을 다음과 같이 정리해 본다.

[작품 들여다보기 1]

밤바다

갈매기도 잠이 든 밤 잠 못드는 저 바다는
육지 향한 그리움이 연정으로 새로운지
밤마다
사랑 노래가
잔잔하게 밀려오네

별빛은 찬란하게 조명처럼 반짝이고
검푸른 저 물결은 거대한 공연 무대
바다의
춤과 노래가
환상으로 흐른다

시적 화자는 바닷가에 오래 살았나 보다. 밤바다의 아름다운 풍경을 진솔하게 노래하고 있다. 육지를 향한 그리움과 사랑, 별빛이 반짝이는 잔물결이 찰랑

대는 소리와 춤이 자연스럽게 어우러진 공연무대를 보는 것 같다. 그 공연은 음악과 춤 그리고 조명이 공감적으로 멋지게 연출되는 밤바다의 모습을 생동감 넘치게 서정적으로 형상화해 노래하고 있다. 누구든 나이가 들어갈수록 추억에 산다고 한다. 나고 자란 유년의 밤바다 한 폭의 풍경화를 보듯 선명하게 다가오게 하는 아름다운 작품으로 읽힌다.

– 시조 시인 오영호

[작품 들여다보기 2]

성산일출봉

아름다운 면류관이 바닷가에 놓여 있다
일출은 길을 닦아 융단을 곱게 깔고
용왕님
행차오시나
불을 밝힌 일출봉

기다림에 쌓인 바위 바람에 깎인 절벽
분화구 푸른 초원 갈매기의 야외 무대
봉우리
기암괴석은
불꽃인냥 타고 있다

큰 쟁반 위에 면류관이 놓여 있다. 노란 융단을 곱

게 깔아 놓은 바다는 금빛으로 일렁인다. 푸른 초원의 갈매기는 분화구 안과 밖에서 소식을 전한다. 누구를 기다릴까. 성산일출봉을 형용할 수 없는 면류관으로 표현했다. 새천년에 보았던 붉은 해를 잊을 수 없다. 붉은 해가 쟁반 위의 사과 느낌이었다면 언제나 그 자리에 있는 면류관은 환희를 안겨준다. 새천년에 분화구 꼭대기의 불꽃을 보았다. 행사장 넓은 들과 꼭대기에 줄을 타며 내려오는 불꽃과 레이저로 반짝임은 많은 인파를 흥분의 도가니에 몰아넣었다. 이 글에서는 지금도 불꽃이 타고 있는 듯하다.

– 수필가 고미선

[작품 들여다보기 3]

제주 해녀

생활이 검소하고 소박한 바다 여왕
갯바위가 생활터전 미역따고 소라 잡아
살림을 알뜰히 꾸려 가족들을 먹여살려

봄 여름 가을 겨울 바다만 잔잔하면
테왁을 짊고가서 바닷속 누비다가
숨차면 물속을 나와 숨미소리 날린다

오전에는 밭일하고 오후에는 물질하러
바닷가 모여들던 그 많은 해녀들이

지금은 어디로가고 할망 해녀 몇뿐이다

자급자족 그 시절에 인기였던 해녀 물질
지금은 쇠퇴하여 호감정 바닥치고
위기의 해녀의 문화 어느 누가 이어가리

시조는 호흡과 맛이다. 리듬으로 생명을 불어놓고 감칠맛으로 시어를 숙성시켜 산뜻한 시상을 그려낸 시조를 만나는 건 기쁜 일, 그렇게 맛과 향으로 빚어진 시조를 읊조리노라면 저절로 감흥에 빠져들게 된다.

한시용의 '제주 해녀' 가 그런 시다. 시인께서 늘 간직하고 있던 향수를 호흡에 따라 담백하게 그려낸 수묵화를 보는 듯하다. 해녀의 삶을 묘사하는 시어들은 일상의 노동요처럼 그녀들의 애환을 고스란히 담아내고 있어 마음이 시리다.

그 옛날 척박한 제주의 환경에서는 삶의 여정은 늘 고난이었다. 밭일, 바닷일 가릴 새 없던 제주 해녀들. 숨이 끊길 듯 열두 길 깊은 바다 속을 헤집고 나와 내뿜는 숨비소리는 애완 그 자체였다. 그러나 그 속엔 열정과 사랑이 들어있는 희망의 소리이기도 했던 것이다. 어려움 속에서도 서로 돕고 배려하는 해녀 공동체의 삶은 미덕의 상징이다.

시인의 토로하는 아쉬움처럼 60년대 이후 젊은 해녀들이 점차 사라져 가고 있지만 제주 해녀들의 정신은 그대로 살아있다. '제주 해녀' 는 제주 무형문화

재 1호이고 유네스코 인류문화유산으로 지정되어 있다. 제주의 해녀는 앞으로도 살아 빛나리라.

– 수필가 이경주

[작품 들여다보기 4]

흰구름

하늘 높이 바람 타고
떠도는 저 구름아

이 세상 굽어보며
산도 품고 달도 품고

애착은
다 내려놓고
방랑 발길 가볍네

파란 하늘에 하얀 구름은 평화롭고 아름다운 느낌을 자아낸다. 구름은 바람에 흘러가며 시시각각 위치와 모양을 달리하는지라 누구나 어린 시절 신기한 눈으로 한참동안 하늘을 올려다보곤 했을 것이다.

땅을 밟고 살아가야하는 인간의 속성상 하늘은 동경의 세계이며 피안의 세계이다. 그런 하늘을 배경으로 떠도는 구름은 고뇌를 벗어난 자유로운 존재로

느껴진다.

시인은 구름을 모든 애착을 내려놓고 세상을 굽어보며 산도 품도 달도 품는 방랑객으로 묘사하고 있다. 그것은 모든 집착과 아집에서 벗어난 자유로운 인간상을 비유하고 있다하겠다.

구름의 시선 즉 세상을 굽어보는 시선을 체험해보려면 높은 창공 비행기에서 창밖 풍경을 바라보면 된다. 내가 사는 땅, 길, 집들이 아주 작게 보인다. 저런 좁아터진 곳에서 아웅다웅 살고 있었구나하는 순간 깨달음이 생기기도 한다.

인간의 삶은 결코 녹록치 않다. 비교적 평탄하게 한 생을 보내는 이도 있지만 모든 인간은 생로병사, 희로애락의 수레바퀴를 벗어날 수 없다. 어리석은 인간은 이런 숙명을 순순히 받아들이지 못하고 집착을 하며 더 큰 고통을 받는다.

빈손으로 왔다가 빈손으로 가는 존재이건만 더 많이 가지려고 이전투구하며 남을 밟고 올라서려는, 짜고 매운 인생사에서 해탈하고자 하는 심상이 녹아 있는 작품이다.

인생은 나그네길이라고 하지 않던가! 욕심과 집착 모두 내려놓고 가벼운 발걸음으로 걸어갈 일이다. 흰 구름처럼 말이다.

– 시인 이윤정

[작품 들여다보기 5]

낙엽

연둣빛 초록 삶을
황금으로 물들이고

누구를 축하하려
저리도 흩날리뇨

한없는
이별의 향연
소리 없는 설레임

떨어지는 낙엽을 보며 느끼는 것은 존재에 대한 깊은 회의와 삶에 대한 궤적이다. 지난 시간을 회상하면서 삶과 죽음 그리고 인생의 무상을 노래하게 된다. 그러나 이 시는 낙엽이 주는 허무 이미지에서 벗어나 축복의 이미지로 변화시켜 놓았다. 자기에게 주어진 생을 가장 아름답게 살아온 뒷모습이기에 낙엽으로 지면서도 설렘을 갖게 되는 것이다.

– 시인 윤일광

[작품 들여다보기 6]

낙동강

영남의 젖줄이고 핏줄인 푸른 강물

피눈물로 얼룩졌던 애달픈 사연 싣고
말없이 더 넓은 곳 향해 유유히 흘러간다

유구한 물굽이도 한 번 가면 못 오는 길
거스르지 아니함도 자연의 섭리인 걸
세월도 저 강물처럼 인연 따라 흐르네

산을 돌아 들을 적셔 긴 여정 칠백 리 길
만남도 기뻤지만 헤어짐은 서러웠어
강변의 갈댓잎들이 손 흔들며 웃고 우네

지금도 낙동강 물은 풍광을 자랑하며 도도히 흘러가고 있습니다. 그러면서 우리들의 식수원이 되고 동식물의 생명수가 되어 영남의 들판을 풍요롭게 합니다. 그러나 일제 때는 착취한 물건을 실어나르는 길이 되었고, 6·25 전쟁 당시에는 격전지가 되어 피눈물로 얼룩지기도 하였습니다.

이 시조를 읽는 동안 나의 몸은 낙동강변에 서서 흘러가는 강물을 바라보며 아름다운 자연에 닿아 동화됨을 느낄 수 있었고 한 방울의 물로 시작하여 강이 되어 어울려 달려온 끝자락에서 모든 것을 수용하고 있음도 느끼게 되었습니다.

강물은 말없이 흐르고 갈대잎들은 만남과 헤어짐을 아쉬워하며 울고 웃는 한 시절인연이 느껴지는 작품입니다.

– 교사 김성란

[작품 들여다보기 7]

애기동백

동지섣달 백설에도
얼굴 붉혀 웃는구나

이제 곧 정월 엄동
예쁜 얼굴 어이할꼬

설한에
피멍들까봐
보자하니 가엽구나

어머, 너무 애처럽고 예쁘네요. 아기가 추위에 떨고 있다면 얼마나 가여운 일인가요. 시인의 고운 심성을 바탕으로 그려낸 작품입니다.

– 시인 정옥금

[작품 들여다보기 8]

개망초

풀밭이나 오솔길섶 하얗게 피어 있는
누군가 지은 이름 개망초라 불리어도
한마디
불평도 없이
보란듯이 웃고 섰다

사람들은 지나가며 예쁜꽃만 쳐다보고
키를 세운 개망초는 본체만체 시선돌려
그래도
화해의 눈빛
몸 흔들며 인사하네

개망초는 우리나라 어디든지, 특히 길가나 빈터 등 비옥한 땅이 아닌 곳에서도 잘 자라는 잡초입니다. 이런 강인함이 없었다면 개망초가 여기저기서 무성하게 자라날 수가 없었을 것입니다. 꽃모양은 화려하지 않지마는 가까이 하고 싶은 매력도 숨어 있습니다. 이 시조에서는 우리의 생활에서 어떤 사람이든 무시하거나 얕보지 말고 화합하며 개망초의 꽃말처럼 화해하며 살아가자는 무언의 암시가 숨어 있는 듯합니다. 개망초 한 포기만 있으면 토라진 마음도 금방 돌아설 것 같습니다.

– 시조 시인 이용빈

[작품 들여다보기 9]

울타리

집 둘레의 돌울타리
바람을 막아주듯

부모님과 이웃들은

나를 감싼 생울타리
우리는
알게 모르게
울 덕분에 살고 있다

돌담울 둘러싸인 그 섬에 달려가고 싶어라. 제주에는 바람이 많이 불지요. 봄바람 같은 산들바람, 땅을 치고 통곡하는 듯 태풍이 몰아치기도 합니다. 육지는 주로 울타리가 싸리, 탱자, 장미, 찔레, 흙, 돌, 시멘트, 블록 등으로 싸여 있으며 울이 없는 곳도 있습니다. 특히 제주는 바람을 막기 위하여 밭이나 집, 무덤까지도 돌로 둘러싸여 있어 사람과 곡식, 채소, 감귤 등을 보호하고 있습니다. 우리 가정도 부모 형제가 울의 역할을 하고 있으며 이웃과 상부상조함으로써 서로 울이 되어 살아가고 있습니다. 그리고 가만히 작품의 뜻을 생각해보면 우리 주위가 전부 울인 듯합니다.하늘, 공기, 나라, 산, 바다 등 특히 이 작품에서 시인의 애향심과 효심을 엿볼 수 있고 울인 이웃을 소중히 하라는 깊은 뜻이 숨어 있음을 알 수 있습니다. 품격을 갖춘 단시조로 독자들에게 많은 울림이 있으리라고 여겨집니다.

– 시조 시인 이원술

[작품 들여다보기 10]

불안한 세상

배달민족 예의지국
사람들이 왜 저럴까

자고나면 흉측 참극
비정의 아동학대

어디서
또 무슨 일이
까마귀가 울고 있네

이 시는 개인의 정서를 주관적으로 표현하는 양식이면서도 한 시대의 기록자이기도 하다. 아름다운 것과 추한 것, 부조리한 세상에 대해 눈감아 버리지 못한다. '불안한 세상' 은 바로 이 시대의 아픔을 시로 형상화 했다. '까마귀가 울고 있다' 라는 마지막 표현이 깊은 울림을 주면서 이 시대를 상징적으로 보여주고 있다.

– 시인 윤일광

한시용 시인 연보

■ 출생 및 가족

- 1945년 5월 14일(음력)
  청주 한씨 33세 아버지 재문공과 연주 현씨 을생의 장남으로 제주 서귀읍 보목리에서 출생

- 1976년 2월 9일
  성주 이씨 상수공의 장녀 회영과 결혼
  (당시 경남 밀양시 수산국민학교 교사)

- 1976년 11월 16일
  장남 정민 출생

- 1980년 1월 26일
  차남 정화 출생

- 2011년 5월 22일
  차남 정화 밀양 박씨 부돌 처사님의 차녀 혜경과 결혼

- 2015년 4월 6일
  손자 유준 출생

- 2016년 10월 28일
  손녀 채원 출생

- 2020년 10월 31일
  장남 정민 경기도 광주 이씨 명재님의 장녀 주하와 결혼예정

■ 학력 및 경력

- 1952년 3월 1일~1958년 2월 28일
  보목국민학교 수학

- 1958년 3월 1일~1961년 2월 28일
  서귀중학교 수학

- 1961년 3월 1일~1964년 2월 28일
  제주사범학교 수학

- 1963년 12월 31일
  무시험검정 국민학교 2급 정교사 자격 취득

- 1964년 5월 1일~1991년 8월 31일

  경남 이남국민학교 교사
  진북국민학교 교사
  일동국민학교 교사
  우암국민학교 교사
  산내국민학교 교사
  동광국민학교 교사

  부산 삼광국민학교 교사
  덕성국민학교 교사
  화명국민학교 교사

- 1973년 3월 2일~1975년 2월 28일
  한국방송통신대학 수학

- 1990년 8월 27일
  국민학교 교감 자격 취득

- 1991년 9월 1일~1993년 8월 31일
  부산 안남국민학교 교감

- 1993년 9월 1일~1994년 8월 31일
  부산 연신초등학교 교감

- 1994년 9월 1일~1998년 8월 31일
  부산광역시 교육청 장학사

- 1997년 8월 26일
  초등학교 교장 자격 취득

- 1998년 9월 1일~1999년 8월 31일
  정관초등학교 교장 역임

- 1999년 9월 1일~2002년 2월 28일
  반여초등학교 교장 역임

- 2002년 3월 1일~2003년 8월 31일
  부산광역시 교육과학연구원 교육연구부장 (교육연구관) 역임

- 2002년 8월 21일
  교감자격연수(생활지도) 강연 출강

- 2003년 3월 1일
  우리들은 1학년 편찬 연구위원

- 2003년 3월 1일
  사회과탐구 부산의 생활(4-1) 편찬 연구위원

- 2003년 8월 22일
  교감자격연수(연구학교운영) 강연 출강

- 2003년 9월 1일~2005년 2월 29일
  광일초등학교 교장 역임

- 2005년 3월 1일~2007년 8월 31일
  과정초등학교 교장 역임

- 2007년 8월 31일
  정년퇴임

■ 수 상

- 1952년 3월 1일~1958년 2월 28일
  보목국민학교 6년간 우등상 및 개근상 수상
- 1961년 3월 25일
  서귀중학교 졸업식 선행상 수상
- 1975년 10월 18일
  보이스카우트 우수지도자 교육감 표창 수상
- 1976년 9월 15일
  교육연구논문 최우수 입상 경남교육감상 수상
- 1982년 8월 9일
  과학전시회 특상 경남교육감상 수상
- 1985년 12월 5일
  국민교육헌장 선포기념 문교부장관 표창 수상
- 1993년 9월 1일
  교육자료 전시회 특상 부산직할시 교육감상 수상
- 1996년 12월 20일
  학교체육활동유공 교육부장관 표창 수상
- 2007년 8월 31일
  정년퇴임 황조근정훈장 수상
- 2019년 12월 17일
  실상문학상 작가상 수상
- 이외 다수의 상과 표창 수상

■ 등단 및 저서

- 1966년 교육자료 7월호 교자문원 「봄소녀」
  미당 서정주 시인 1회 추천

- 1966년 교육자료 10월호 교자문원
  「황혼이 올 때」 미당 서정주 시인 2회 추천
  ※군 복무 관계로 천료 작품을 못 내었음

- 1994년 11월 교육자료 교자문원 시 천료
  (가을편지, 폭포, 그믐달) 김종상 시인 추천

- 2007년 5월 10일 시집 「가을편지」 펴냄

- 2013년 12월 30일
  실상문학 시조부문 (돌집, 불통, 비 내리는 산사)
  신인상 등단

- 2014년 9월 23일
  제1 시조집 「구구는 알아도 팔십일은 모른다」 펴냄

- 2016년 4월 5일
  제2 시조집 「사랑아」 펴냄

- 2019년 01월 25일
  제3 시조집 「장산의 위무」 펴냄

- 2020년08월 20일
  제4 시조집 「뜨는 것이 지는 것이요 지는 것이 뜨는 것이다 」 펴냄

올 레

한 시 용 작사
현 천 량 작곡

뜨는 것이 지는 것이요
지는 것이 뜨는 것이다

인쇄일 2020년 08월 05일
발행일 2020년 08월 10일

지은이 한시용
펴낸이 박철수
펴낸곳 도서출판 해암

등록번호 제325-2001-000007호
주소 부산시 중구 대청로 138번길 9 (대원빌딩 302호)
전화 051)254-2260
팩스 051)246-1895
메일 haeambook@daum.net

ISBN 978-89-6649-192-6 03810

값 12,000원

*이 도서의 국립중앙도서관 출판예정도서목록(CIP)은 서지정보유통지원시스템 홈페이지 (http://seoji.nl.go.kr)와 국가자료공동목록시스템(http://www.nl.go.kr/kolisnet)에서 이용하실 수 있습니다. (CIP제어번호 : CIP2020031461)